Début d'une série de documents en couleur

Louis GUIBERT

REGISTRE DES ANNIVERSAIRES

DE LA

COMMUNAUTÉ DE PRÊTRES SÉCULIERS

DE SAINT-MAXIMIN

à Magnac-Laval

LIMOGES
IMPRIMERIE ET LIBRAIRIE LIMOUSINES
Vᵉ H. DUCOURTIEUX
Libraire de la Société archéologique et historique du Limousin
7, RUE DES ARÈNES, 7

1899

OUVRAGES DU MÊME AUTEUR :

Le Château de Châlucet (avec un plan). — Limoges, Sourilas-Ardillier, 1863 (2ᵉ édit., revue et augmentée, 1871).
Crucifixa. — Paris, Dentu, 1863.
Rimes franches. — Paris, Librairie centrale, 1864.
Dolentia. — Paris, Librairie centrale, 1865.
Légendes du Limousin. — Paris et Tournai, Casterman, éd. 1864, 1866 et 1876.
Limoges et le Limousin. — Paris et Tournai, Casterman, éd. 1868 et 1875.
Quelques notes sur la surveillance légale, lettre à un député. — Paris. F. Henry, 1870.
Les Employés de Préfecture. — Paris, F. Henry, 1870.
L'Assemblée du 8 février et la Loi électorale. — Lyon, Josserand, 1871.
Un Journaliste Girondin. — Limoges, Sourilas-Ardillier, 1871.
De la Grève, du Travail et du Capital, conférence faite à une Association ouvrière de Lyon, le 30 mai 1870 (extrait de la *Décentralisation*). — Lyon, Josserand, 1871.
Questions électorales. — Paris, E. Lachaud, 1871.
Notes de Voyage (Mauvais jours, Ex intimo, Poésies diverses). — Paris, E. Lachaud, 1872.
La Crise des subsistances et les emprunts de la période révolutionnaire à Limoges (extrait de l'*Almanach limousin*). — Limoges, Vᵉ Ducourtieux, 1873.
Monuments historiques de la Haute-Vienne, rapport de la Commission de la Société archéologique et historique du Limousin (extrait du *Bulletin* de cette Société). — Limoges, Chapoulaud frères, 1874.
Assurances sur la Vie, notions pratiques. — Limoges, Vᵉ Ducourtieux, 1876.
Une page de l'histoire du Clergé français au xviiiᵉ siècle. Destruction de l'ordre et de l'abbaye de Grandmont. Carte des maisons de l'ordre. — Limoges, librairie Vᵉ Ducourtieux, et Paris, librairie Champion, 1877. 1 vol. in-8° (Épuisé).
Rimes couleur du temps. — Paris, Dentu, 1877.
Sceaux et armes de l'Hôtel-de-Ville de Limoges. Sceaux et armes des villes, églises, cours, etc., des trois départements limousins. — Limoges, Chapoulaud, 1878.
Le Parti Girondin dans le département de la Haute-Vienne (extrait de la *Revue historique*). — Paris, 1878.
Les Pénitents (extrait de l'*Almanach limousin*). — Limoges, Vᵉ Ducourtieux, 1879.
Les Confréries de Pénitents en France et notamment dans le diocèse de Limoges (avec un dessin). — Limoges, Vᵉ Ducourtieux, 1879.
Coutumes singulières de quelques confréries et de quelques églises du diocèse de Limoges. — Limoges, Chapoulaud frères, 1879.
Anciens registres des paroisses de Limoges. — Limoges, Chapoulaud frères, 1881.
France! chants, poèmes et paysages (avec MM. G. David, A. Hervo, P. Mieusset et A. Tailhand). — Paris, P. Ollendorff, 1881.
Les Hôtels-de-Ville de Limoges (extrait de l'*Almanach limousin*). — Limoges, Vᵉ Ducourtieux, 1882.
Le Livre de raison d'Etienne Benoist (1426). Avec un fac-simile. — *Ibid.*, 1882.
L'Orfévrerie limousine au milieu du xviiᵉ siècle (extrait du journal l'*Art*.) Paris, 1882.
Les Dettes de la ville de Limoges et le Conseil municipal. — Limoges, A. Ussel et G. Tarnaud, 1882.
L'Eau de ma Cace, deuxième lettre à la Municipalité et au Conseil municipal. — Limoges, A. Ussel et G. Tarnaud, 1882.
Le Tombeau de Guillaume de Chanac, à Saint-Martial de Limoges (extrait du *Cabinet Historique*). Paris, Champion, 1882. — Réédition, Tulle, Crauffon, 1883.
La Famille limousine d'autrefois, d'après les testaments et la Coutume. — Limoges, librairies Vᵉ Ducourtieux et Leblanc, 1883.
Quelques notes extraites du Cartulaire d'Aureil. — Tulle, Crauffon, 1883.
Les Corporations de métiers en Limousin et spécialement à Limoges (extrait de la *Réforme sociale*). — Paris et Limoges, Ducourtieux, 1883.

OUVRAGES DU MÊME AUTEUR (suite)

Les Confréries de dévotion et de charité et les œuvres laïques de bienfaisance à Limoges, avant le XVe siècle (extrait du *Cabinet historique*). — Paris, Champion, 1883.

Le Prédicateur Menauld (extrait de l'*Almanach limousin*). — Limoges, Ve Ducourtieux, 1884.

Commentaires d'Etienne Guibert sur la Coutume de Limoges (1628) avec une note sur les différents textes de cette Coutume. Limoges, Société générale de papeterie, 1884.

Le Bénédictin Dom Col en Limousin. — Limoges, Ve Ducourtieux, 1884.

La Ligue à Limoges (1589). — Limoges, Ve Ducourtieux, 1884.

Journal du Consul Lafosse (1649). — Limoges, Ve Ducourtieux, 1884.

Registres Consulaires de la ville de Limoges, 1508-1790, publié sous les auspices de la Société archéologique et historique du Limousin : publication commencée par M. Émile Ruben, secrétaire général de cette Société et continuée par M. L. Guibert, vice-président, 6 vol. in-8°, 1867-1898.

L'Orfèvrerie et les Orfèvres de Limoges (dessins).— Limoges, Ve Ducourtieux, 1885.

La Corporation Limousine : ses caractères, son rôle, phases principales de son histoire. Rapport présenté au Congrès des œuvres catholiques tenu à Limoges (août-septembre 1885).— Extrait de *LaControverse et le Contemporain*.— Limoges, Ve Ducourtieux, 1885.

Sceaux et Armes des deux villes de Limoges et des villes, églises, cours, etc. Supplément. — Limoges, Ve Ducourtieux, 1885 (dessin de M. Bourdery).

Les Emigrés Limousins à Quiberon. — Limoges, Ve Ducourtieux, 1885.

Des formules de date et de l'époque du commencement de l'année en limousin. Tulle, Crauffon, 1886.

Les Enclaves Poitevines du diocèse de Limoges (carte). — Limoges, Ve Ducourtieux, 1886.

Les Foires et Marchés limousins aux XIIIe et XIVe siècles (extrait de l'*Almanach limousin*. — Limoges, Ve Ducourtieux, 1887.

Le Limoges d'autrefois, sa physionomie, ses habitants, ses mœurs, ses institutions. — Limoges, Ve Ducourtieux, 1887.

Châlucet (6 dessins de M. F. de Verneilh et plan). — *Ibid.*, 1887. un vol. in-8°.

Les Tours de Châlucet (6 dessins de M. F. de Verneilh et plan). — *Ibid.*, 1887.

La Société archéologique de Limoges à l'Exposition de Tulle, dessin de M. Louis Bourdery). — Limoges, L. Royer et Ve Ducourtieux, 1887, in-18.

Le Budget de la ville de Limoges au moyen-âge — *Ibid.*, 1888, in-18.

La dette Beaupeyrat. — *Ibid.*, 1888, in-18.

Le Livre de Raison des Baluze. — *Ibid.*, 1888, in-8°.

L'orfèvrerie et les émaux d'orfèvre à l'Exposition de Limoges, en 1886. — *Ibid.*, 1888, in-8° (2 dessins).

Peintures murales de l'église de Saint-Victurnien. — *Ibid.*, 1888, in-8° (dessin).

L'École monastique d'orfèvrerie de Grandmont et l'autel majeur de l'église abbatiale (deux planches). — *Ibid.*, 1888, in-8°.

Exposition rétrospective de Limoges, 1886. — Photographies par Mieusement, texte par L. Guibert (50 planches). Paris, G. Chamerot, in-fol., 1887.

Un mariage à Limoges en 1687. — Limoges, Ve Ducourtieux, 1887 (deux éditions).

Exposition de Limoges : L'Art rétrospectif, par MM. L. Guibert et Jules Tixier, — *Ibid.*, 1888 (104 planches).

Catalogue des manuscrits de la Bibliothèque communale de Limoges (t. IX du Catalogue général des manuscrits des Bibliothèques publiques de France, départements). — Paris, Plon et Nourrit, 1888.

Le Graduel de la Bibliothèque de Limoges (extraits du *Bulletin du Comité des travaux historiques*). — Paris, 1888.

Livres de raison, Registres de famille et Journaux individuels limousins et marchois. (publ. avec le concours de MM. A. Leroux, P. et J. de Cessac et l'abbé Lecler). — Limoges, Ve Ducourtieux et Paris, Alph. Picard, 1888.

Anciens statuts du diocèse de Limoges (extrait du *Bulletin du Comité des travaux historiques*).—Paris, E. Leroux, 1889.

L'Instruction primaire en Limousin sous l'ancien régime. — Limoges, Ve Ducourtieux, 1888.
Les Cahiers de la Marche et du Limousin en 1789. — Ibid., 1889.
Monuments historiques de la Haute-Vienne. Rapport de la Commission nommée par la Société archéologique du Limousin. — Ibid., 1889.
Association des anciens élèves du Lycée de Limoges. Banquet du 27 novembre 1889. Toast au Lycée de Limoges. — Ibid., 1890.
Notice sur le Cartulaire de l'abbaye cistercienne d'Obasine. — Tulle, Crauffon, 1890.
Les syndics du commerce à Limoges. — Limoges, Ve Ducourtieux, 1890.
Les communes en Limousin, du XIIe au XVe siècle (extrait de la Réforme). — Ibid., 1891.
La commune de St-Léonard de Noblat au XIIIe siècle (plan). — Limoges, Ve H. Ducourtieux, et Paris, Alph. Picard, 1891.
Les Institutions privées et les Sociétés d'économie, d'épargne et de crédit à Limoges (extrait de la Réforme sociale). — Paris, Société d'Economie sociale, 1891.
De l'importance archéologique des Livres de raison (Congrès de la Société française d'archéologie tenu à Brive en 1890). — Caen, Henry Delesques, 1892.
Le troisième mariage d'Etienne Benoist. — Limoges, Ducourtieux, 1892
Les Manuscrits du Séminaire de Limoges (notice et catalogue). Ibid., 1892.
La Monnaie de Limoges — Ibid., 1893.
Collections et collectionneurs Limousins : la collection Taillefer. — Ibid., 1893 (un dessin de M. Jules Tixier).
Les premiers imprimeurs de Limoges. — Ibid., 1893.
Laron : topographie, archéologie, histoire (plan). — Ibid., 1893.
Reliquaires Limousins : types, formes et décor. — Tulle, Crauffon, 1895.
Nouveau recueil de Registres domestiques Limousins et Marchois, avec le concours de MM. Alfred Leroux, J.-B. Champeval, l'abbé Lecler et Léonard Moufle. Tome Ier. — Limoges, Ve Ducourtieux, et Paris, Alph. Picard, 1895. — (Le tome second est sous presse).
Ce qu'on sait de l'enlumineur Evrard d'Espinques. — Guéret, Amiault, et Limoges, Ve H. Ducourtieux, 1895.
Les anciennes confreries de la basilique de Saint-Martial. — Ibid., 1895.
Le Consulat du Château de Limoges au moyen âge. — Ibid., 1895.
Ce que coûtait au XIVe siècle le tombeau d'un cardinal. — Paris, Plon, Nourrit et Cie, 1895
La Pierre dite de Saint-Martin, à Jabreilles. (Dessin de M. Bourdery). — Limoges, Ve Ducourtieux, 1896.
Prédicateurs et prédications d'autrefois. — Limoges, Perrette, in-32, 1897.
Limoges qui s'en va : 1. Le quartier Viraclaud ; 2. Le Verdurier, Vieille-Monnaie, Arbre-Peint, Rafilhou (Extrait de la Gazette du Centre). — Limoges, Perrette, 1897.
Documents, analyses de pièces, extraits et notes relatifs à l'histoire municipale des deux villes de Limoges, deux volumes in-8 (tomes VII et VIII de la série : archives anciennes publiée par la Société des Archives historiques du Limousin). — Limoges, F. Plainemaison, in-8°, 1897. — Le second volume est sous presse.
Les archives de famille des Péconnet de Limoges. — Limoges, Ve Ducourtieux, 1898
Les anciennes sépultures de l'abbaye de Saint-Martin-les-Limoges, et la crosse de l'archevêque Geoffroi. — Limoges, Ve Ducourtieux, 1898.
Un livre allemand sur le Limousin. (Extrait de la Gazette du Centre). — Limoges, imp. de la Gazette du Centre, 1898.
Les Evêques de Limoges et la paix sociale. — Limoges, Ve Ducourtieux, 1898.
La Maison Nivet à Limoges (Planche). — Limoges, Ve Ducourtieux, 1898.
Une affaire de trahison au XVe siècle. — Limoges, Perrette, in-32, 1899.

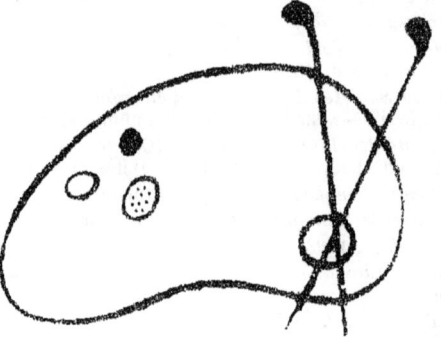

Fin d'une série de documents
en couleur

Louis GUIBERT

REGISTRE DES ANNIVERSAIRES

DE LA

COMMUNAUTÉ DE PRÊTRES SÉCULIERS

DE SAINT-MAXIMIN

à Magnac-Laval

LIMOGES
IMPRIMERIE ET LIBRAIRIE LIMOUSINES
Vᵉ H. DUCOURTIEUX
Libraire de la Société archéologique et historique du Limousin
7, RUE DES ARÈNES, 7

1899

REGISTRE DES ANNIVERSAIRES

de la

COMMUNAUTÉ DE PRÊTRES SÉCULIERS

DE SAINT-MAXIMIN

a Magnac-Laval

Beaucoup de nos vieilles églises, de celles surtout que desservait un corps de prêtres séculiers, constitués en communauté et enfants de la paroisse, possédaient des archives intéressantes. La bibliothèque de MM. les Sulpiciens du Grand Séminaire de Limoges a recueilli quelques épaves de celles des paroisses de la ville épiscopale, — des manuscrits notamment ayant appartenu au clergé de Saint-Pierre-du-Queyroix et de Saint-Michel-des-Lions. En dehors de la capitale de la province, les sacristies, dans maintes localités, gardaient encore, au dernier siècle, des titres, des registres, des livres liturgiques dont la connaissance nous serait précieuse et dont une bonne part est perdue. — Dans l'état des « Dépôts publics et particuliers d'actes et de titres », dressé par M. de Lépine, subdélégué de l'Intendance, pour répondre au désir manifesté en 1769 par le ministre Bertin, on voit, auprès des archives des monastères et des chapitres de la contrée, figurer celles d'un certain nombre de simples églises paroissiales : de Sainte-Croix d'Aixe, de Notre-Dame de Bellac, de Saint-Thyrse de Châteauponsac, et celles « de la sacristie de l'église de Saint-Maximin à Magnac-Laval, » qui appartiennent, ajoute de Lépine, à « une communauté de prêtres séculiers (1) ». Presque toutes les églises signalées par l'Intendant à M. Bertin sont dans le même cas.

C'est un registre d'anniversaires, provenant de cette sacristie des prêtres communalistes de Magnac, que nous nous proposons d'étudier dans la présente notice.

(1) *Bulletin de la Société archéologique et historique du Limousin*, tome V, p. 274.

I

 Les communautés de prêtres attachées à une église paroissiale semblent être, dans nos pays, de fort ancienne origine. Peut-être doit-on les considérer comme un reste du groupement primitif du clergé séculier aux points de résidence d'où il rayonnait sur la campagne. Ces corps sont tout au moins intéressants à étudier, comme forme intermédiaire entre l'organisation canoniale et l'organisation paroissiale moderne, telle que nous la trouvons constituée presque partout dès les xii° et xiii° siècles. Il ne nous a pas été donné au surplus, en Limousin du moins, de relever dans nos textes d'archives une mention expresse de communautés séculières de prêtres avant cette époque. Nous ne connaissons les statuts de ces sociétés et les détails de leur organisation qu'à partir du xiv° siècle ; mais il est inexact de dire, comme on l'a prétendu souvent, que leur existence ne remonte qu'à cette époque. Le plus ancien des documents les concernant qu'on avait signalés au dernier siècle est une pièce de 1372 ayant trait aux communalistes de Saint-Michel-des-Lions de Limoges, et au *Pouillé* dit « de Mgr d'Argentré (1) », nous notons en effet cette date comme la plus reculée qui soit assignée à cette institution (2). Mais le dépouillement de nos archives nous permet déjà de remonter à cent trente-deux ans plus haut dans le passé. En ne consultant que nos notes personnelles, nous trouvons, en 1334, un testament renfermant un legs au profit de la communauté de prêtres de Saint-Maurice, en la Cité de Limoges (3) ; il est parlé, à des titres de 1294 et de 1299, de celle de Saint-Michel-des-Lions et de Notre-Dame-des-Arènes (4). Les prêtres communalistes de Saint-Pierre-du-Queyroix

---

 (1) Publié par M. l'abbé Lecler. Limoges, V° Ducourtieux, 1886, pages 29 et 30. — Le *Pouillé rayé* de Nadaud, dont nous parlons plus loin, est resté manuscrit. Quelques pages seulement ont été jadis publiées par M. l'abbé Texier.

 (2) La date de 1372 (ou plutôt 16 mars 1373) est celle de lettres de l'évêque Aymeric Chapt relatives aux prêtres de Saint-Michel, et prétendant qu'ils ont « au temps passé et d'ancienneté » constitué une communauté sans autorisation des supérieurs ecclésiastiques.

 (3) *Presbiteri seu communitates presbiterorum... Sancti Mauricii Civitatis Lemovicensis* (Arch. Haute-Vienne, liasse 7009, classement provisoire).

 (4) *Johanne Germani, rectore ecclesiarum Sancti Michaelis de Leonibus et Beate Marie de Arenis, pro venerabili societate presbiterorum dictarum ecclesiarum*, 1294 (pièce communiquée par M. Nénert, nég¹ à Limoges). *Communitas presbiterorum Sancti Michaelis de Leonibus et de Arenis*, 1299 (Arch. Hôpital de Limoges).

sont nommés dès 1240 (1). Ceux de Saint-Martial existent à la même époque ; peut-être l'origine de cette communauté remonte-t-elle à l'abbé Isambert, qui vivait à la fin du douzième siècle.

Les ecclésiastiques qui composent ces associations paraissent avoir, à une certaine époque, récité l'office en commun. Ils vivent des revenus de la communauté, dont une portion déterminée, un « gros », est assigné à chacun. Presque toujours, il est attribué à chaque prêtre, en outre de ce gros, les revenus des fondations spécialement affectées à la chapelle ou à l'autel qu'il a mission de desservir. Les communalistes habitent en général des maisons appartenant à l'église ou à la communauté et situées à proximité de l'édifice ; mais ils ne vivent pas ensemble et n'ont pas d'obligations d'une nature spéciale. Le curé est leur chef au point de vue ecclésiastique. Pour l'administration des biens de la corporation, ils nomment un syndic, instituent des bailes pour l'assister, tiennent des réunions ordinaires et extraordinaires dans une chapelle de l'église. La cloche les y convoque et il est tenu registre de leurs délibérations. Parfois la communauté compte un nombre assez considérable de membres : les sociétés de prêtres de Saint-Pierre de Limoges et de Saint-Julien de Tulle eurent jusqu'à cinquante communalistes.

Une seule condition semble, à l'origine, avoir été réclamée pour leur admission dans la communauté : la justification de leur qualité de *filleuls* de la paroisse, c'est-à-dire de leur baptême aux fonts paroissiaux. Plus tard, le nombre des candidats augmentant et les revenus ne s'accroissant guère, on exigera que le futur communaliste ait déjà passé un certain nombre d'années dans les ordres, et on l'obligera à une période assez longue de postulat. Dès le XIV° siècle, le nombre des membres de la communauté est strictement limité. Les statuts du XV° et du XVI° paraissent l'avoir souvent restreint. Au XVII° et au XVIII°, les fondations s'étant appauvries et l'argent ayant diminué de valeur, le personnel de ces petits corps est encore réduit ; mais la Révolution seule fait disparaître cette vieille et intéressante institution, sur laquelle aucun auteur Limousin n'a jusqu'ici écrit une page substantielle de notice (2). Les documents

---

(1) *Communitati presbiterorum ecclesie Sancti Petri de Quadracio Castri Lemovicensis*. Vente de février 1239 v. st. (Arch. Haute-Vienne, résidu des fonds des Prêtres de Saint-Pierre. On trouve à ce fonds des mentions de la communauté de 1258, 1267, 1269, etc.)

(2) M. René Fage, toutefois, dans son étude sur *la Vie à Tulle aux XVI° et XVII° siècles*, donne des renseignements pleins d'intérêt sur les communautés de cette ville.

abondent pourtant sur nos communalistes, dont le rôle au point de vue ecclésiastique et social mériterait d'être mis en lumière.

Nombreuses étaient, dans notre diocèse, les communautés séculières de prêtres au dernier siècle. La liste qu'en donne le *Pouillé* de Mgr d'Argentré, cité plus haut, dans l'article malheureusement trop bref qu'il leur consacre (première partie, chapitre VIII), n'en énumère pas moins de *cent quatorze*; chacune de ces mentions indique la date de l'établissement de la communauté, ou, à défaut, celle à laquelle est pour la première fois constatée son existence. Une seule association de ce genre remonterait, suivant cette liste, au xiv° siècle : celle des prêtres de Saint-Michel-des-Lions, à Limoges ; huit ou neuf au xv° siècle ; toutes les autres auraient seulement pris naissance au xvi° siècle, ou ne seraient pas mentionnées avant cette époque.

Nous avons déjà rectifié, en ce qui concerne les communautés du chef-lieu du diocèse, les renseignements donnés par l'auteur du *Pouillé* : il y aurait peut-être lieu de rectifier beaucoup d'autres articles. Il semble notamment que l'auteur de la liste ait multiplié les communautés, et fait figurer le même corps dans les diverses paroisses où il possédait des revenus ; mais ce n'est pas ici le lieu d'examiner cette question.

II

Nous relevions plus haut, à l'état des dépôts d'actes et titres dressé à l'intendance de Limoges, la mention des archives de la communauté des prêtres de Saint-Maximin, à Magnac-Laval.

L'église de Saint-Maximin avait le titre de prieuré. Son histoire est peu connue et presque tout ce qu'on en sait tient dans vingt lignes de l'*Histoire de Saint-Martial* du P. Bonaventure de Saint-Amable (1). Le patron de l'église Saint-Maximin, originaire de Poitiers, devint évêque de Nevers ; il fut le contemporain et l'ami de saint Martin de Tours, et mourut en 397. Suivant la version la plus accréditée, la petite celle de Magnac avait été établie, dans la seconde moitié du viii° siècle, par Roger, comte de Limoges (2), et Euphrasie, sa femme, et donné par ceux-ci au monastère poitevin de Charroux, dont les deux époux étaient aussi les fondateurs.

Il résulte toutefois de divers textes rapportés soit par D. Estiennot, dans ses *Antiquités bénédictines*, soit par Mabillon, dans ses

---

(1) Tome III, p. 293.

(2) *Quemdam Rotgerium, quem Carolus Magnus Lemovicensibus præfecerat (Gallia Christiana nova, t. II, col. 1277).*

Annales, qu'une église de Magnac fut donnée par Charlemagne, avec son domaine et ses dépendances (*villa*) à l'abbaye de Micy d'Orléans. Mais le document principal qui mentionne le rattachement de notre prieuré au monastère orléanais, est un diplôme de Louis et Lothaire, daté de 827 et considéré comme des plus suspects (1).

Saint-Maximin de Magnac, si c'est bien à lui que se rapportent les titres auxquels nous venons de faire allusion, fut arraché de bonne heure à cette obédience. Tous les écrivains qui l'ont mentionné s'accordent à dire qu'il eut beaucoup à souffrir des ravages des Normands ; peut-être faut-il faire remonter à cette époque la rupture des liens qui l'unissaient à l'abbaye orléanaise. Il est certain qu'à partir du xie siècle, on ne trouve pas son nom dans les listes successives des possessions de Micy.

Au xiiie siècle, Saint-Maximin dépend de Charroux, ainsi qu'il résulte d'une lettre du pape Innocent III (2), et il lui reste soumis jusqu'à la Révolution. Aux xviie et xviiie siècles, l'abbé nomme à notre prieuré ; le titulaire du bénéfice lui paie une pension de vingt-cinq livres. La communauté de Saint-Maximin devait à Charroux une redevance fixée par les chapitres et assez élevée.

Le prieuré de Magnac s'était relevé de ses ruines grâce aux dons des seigneurs du lieu, des nobles et de la population des environs. Le P. Bonaventure de Saint-Amable nomme, parmi ses bienfaiteurs principaux, les comtes de la Marche, les seigneurs de Salaignac et de Saint-Priest.

Au témoignage d'un manuscrit de Charroux, cité par l'historien de l'apôtre d'Aquitaine, Saint-Maximin avait encore, en 1500, une communauté de trois religieux, y compris le prieur. Nous en doutons : à cette époque, la communauté n'existait plus sans doute que sur les parchemins. A quelle date la vie régulière s'éteignit-elle réellement dans cette maison ? Il est impossible de le préciser. Suivant les auteurs qui — d'une main bien légère — ont touché ce point, les religieux se seraient dispersés à la suite des dévastations commises dans le pays par des bandes de Huguenots. Nous imaginons que la conventualité a dû cesser à une date bien antérieure à ces événements.

Quant au titre du prieuré, il a subsisté jusqu'à la fin de l'ancien

---

(1) *In pago Lemovicensi, habet ecclesiam que dicitur Magniacus, cum ecclesia et aqua, molendinis, terris cultis et incultis, vineis, pratis, sylvis, pascuis, parvis (?) exitibus et regressibus, et servis et mancipiis ; hanc curtem genitor noster gloriosus augustus Carolus magnus, imperator, contulit Miciacensi loco* (*Historiens de France*, VI, 556).

(2) Livre XIV, n° 18.

régime, avec quelques débris de la dotation, suffisants pour assurer au bénéficier un modeste revenu. Nous connaissons le nom de quelques-uns des titulaires : c'était, au temps de Mgr d'Argentré, un abbé de Bois de Lavaud. — Saint-Maximin figurait aux xviie et xviiie siècles dans la liste des bénéfices *simples*, n'astreignant pas à la résidence et n'ayant point charge d'âmes.

Le manuscrit qui fait l'objet de la présente étude ne dit rien du couvent ni des religieux. Dans deux ou trois passages, on trouve seulement les mots de *prieur* et de *prieuré*. Au 29 août est noté l'anniversaire de Pierre Gibard : Le revenu légué à la communauté pour la célébration de cet obit est assis sur une maison située auprès du prieuré de Magnac et de la chambre de Martin Aufrère ; ladite maison ayant appartenu à feu Mathias Guyonnière, et se trouvant actuellement la propriété de Jacques Dupuy (1).

Ailleurs il est parlé du pré du prieur.

A l'obit de Pierre Lelong, prêtre (1er décembre), il est dit qu'il avait donné aux communalistes une chambre — *cubiculum* — sise dans le territoire dit « la Chambre du Prieur » (2).

Rien ne peut donner à penser que la communauté de religieux subsistât à cette époque, et notre manuscrit ne fait pas la moindre allusion aux droits qu'auraient certainement conservés sur l'église de Saint-Maximin les membres de cette communauté. Cette église paraît exclusivement desservie par les prêtres de la communauté séculière, et on peut supposer que cet état de choses existait dès le milieu du xve siècle. Nous allons voir qu'à cette époque remontent certaines des libéralités faites aux prêtres-filleuls et rappelées à la liste obituaire que donne le manuscrit.

III

Les prêtres communalistes remplacèrent-ils les religieux ? ou formèrent-ils, comme il est permis de constater le fait ailleurs, à Saint-Martial de Limoges par exemple, un clergé paroissial institué par les moines, entretenu par eux et sur lequel ceux-ci se déchargeaient du soin des âmes pour remplir avec plus d'exactitude et une plus entière liberté les obligations monastiques ? Il nous est impossible de répondre à cette question, et on n'a pu nous fournir aucune pièce de nature à résoudre.

---

(1) *Super domo quam possidet ad presens dominus Jacobus de Puteo, et fuit quondam Mathie Guyonniere, sita juxta prioratum de Magnaco et cameram domini Martini* (ou *Mathurini*) *Aufrere.*

(2) *A. domini Petri Le Long, presbiteri, qui predicte communitati dedit quondam cubiculum quod* (sic) *est in territorio Cubiculi Prioris.*

Bornons-nous à ce qui ressort nettement de notre manuscrit. Il prouve que, dès le milieu du quinzième siècle, la communauté d'ecclésiastiques séculiers de Saint-Maximin est constituée et dessert l'église. Il rapporte des donations faites à la communauté en 1451 v. st. (1452), 1483, 1492, 1495. On peut croire que ce corps de prêtres existe depuis longtemps, car aucun passage de notre registre ne rappelle sa fondation ; aucun ne note de libéralités se rapportant à la période de ses débuts. Les ouvrages sur Magnac n'en disent rien et ne contiennent du reste aucun renseignement précis sur ces communalistes, dont on n'avait pas jusqu'ici, croyons-nous, noté l'existence avant 1564. C'est le *Pouillé rayé* de l'abbé Nadaud qui fournit cette indication (le *Pouillé* de Mgr d'Argentré ne fait accompagner d'aucune date la mention de la communauté de « Laval Magnac »). Nadaud nous apprend également qu'un règlement de 1713 réduisit à dix le nombre de places de ce corps. Le « prieur » et le curé étaient compris dans ce nombre. Il serait intéressant de savoir ce qu'était ce « prieur ». Nous ne voyons pas que ce titre soit donné à un des prêtres de la communauté, à notre registre. S'agirait-il du titulaire du prieuré de Saint-Maximin, à qui une place de communaliste aurait été réservée ? Bornons-nous à poser la question et à constater l'absence de tout document pouvant nous éclairer sur ce point.

S'il faut en croire le relevé donné par les *Pouillés* du dernier siècle, il y avait, dans des paroisses voisines de Magnac, un certain nombre de communautés de prêtres séculiers. Ces *Pouillés*, celui de Mgr d'Argentré entr'autres, mentionnent, outre celles de Bellac et de Châteauponsac, qui nous sont connues par ailleurs (la première existe au XVe siècle), celles du Dorat, de Rancon, de Saint-Léger-Magnazeix, de Saint-Sornin-Leulac, de Dompierre. Nous ne serions pas surpris qu'il y eût erreur dans plusieurs de ces mentions.

Les registres paroissiaux de l'église de Saint-Maximin formaient une portion intéressante et importante des archives de la communauté. Peu d'églises, dans le diocèse, ont conservé une collection aussi considérable de cahiers de catholicité. Ceux de Saint-Maximin vont, presque sans interruption, de 1564 à 1790 (1) et contiennent certainement les plus précieux éléments qu'on puisse réunir en vue d'une histoire locale. Mais ils ne constituaient pas seuls ces archives que signalait, il y a plus d'un siècle, l'intendance de Limoges à l'attention du ministère. La communauté possédait des registres d'anniversaires et de comptes, des liasses de précieux titres,

(1) Relevé des registres paroissiaux dans le département de la Haute-Vienne, dressé par M. Alfred Leroux, archiviste du département.

que M. de Foux, subdélégué de l'intendance, compulsait ou faisait compulser en 1758, pour rechercher s'il n'y existait pas quelques lettres patentes ou actes émanant de l'autorité royale (1). Au manuscrit même que nous allons parcourir, il est parlé d'autres recueils, entr'autres du « papier » où la communauté conserve la copie de ses titres (2).

Les registres de baptêmes, mariages et sépultures ont été, à Magnac comme partout, déposés à l'hôtel de ville. De tous les autres cahiers, livres et papiers qu'elle possédait, l'église de Saint-Maximin n'a conservé que son registre d'anniversaires, en bon état de conservation et offrant un certain intérêt. Nous devons à la bienveillante obligeance de M. l'abbé Vigier, curé-doyen de Magnac, membre de notre Société archéologique, d'avoir pu examiner à loisir ce manuscrit.

IV

Le registre d'anniversaires de l'église paroissiale de Magnac est un cahier composé de 28 feuillets de parchemin, y compris la double feuille qui sert de couverture. L'écriture, régulière, bien formée et très lisible, accuse les premières années du seizième siècle. On constate en effet que le petit nombre de mentions datées figurant à ce registre et inscrites de la main de l'auteur du recueil primitif, se rapportent aux années 1451, 1485, 1492, 1493, 1498, 1499, 1501, 1502. C'est vers cette dernière date, très peu après, qu'a dû être constitué le registre qui nous occupe et qui semble avoir été presque tout entier écrit d'un trait. Un article du 14 août 1507 est visiblement une addition et montre une écriture postérieure. Nous avons noté ailleurs un passage portant la date de 1547. Quelques mentions d'aspect beaucoup plus récent appartiennent sans nul doute au dix-septième siècle.

Il est assez remarquable qu'aucune date intermédiaire ne soit fournie par notre registre entre 1451 (v. st.) et 1485. Il se peut que le copiste ait tronqué l'article où nous notons le premier de ces millésimes ; mais le passage est très lisible, et la lecture ne saurait faire l'objet d'aucun doute :

(27 février) *Anno Domini millesimo cccc° quinquagesimo primo, obiit Guillelmus Perrin, et legavit communitati predicte unum sestarium frumenti rendualem, assignatum super omnibus bonis suis, ut patet per litteram receptam per Johannem de Fonte Buffelli. Johannes soloit modo.*

(1) Lettre du 1er mai 1758 (Archives Haute-Vienne, C 49). Ces recherches étaient du reste demeurées infructueuses.
(2) *Per litteras registratas in nostro papiro*, 30 juin.

Cette date du 27 février 1451 v. st. (1452) reste quant à présent la plus ancienne à laquelle il soit fait mention de la communauté de Saint-Maximin ; mais plusieurs des bienfaiteurs nobles dont on rappelle les libéralités à notre registre vivaient dans le milieu ou même dans la première moitié du siècle. Tout porte donc à croire qu'il n'y a pas d'erreur à l'article dont nous venons de reproduire le texte.

Les feuillets du registre mesurent de 320 à 330 millimètres de haut sur 250 à 255. Ils sont tous sains et en parfait état. L'encre est bonne, et seules quelques courtes notes des seizième et dix-septième siècles sont à demi effacées et presque indéchiffrables.

L'auteur de notre manuscrit est certainement un prêtre de la communauté : il n'a pas jugé nécessaire de se faire connaître. Par contre, l'intérieur des feuilles de garde du registre présente un certain nombre de signatures, qui ne sont pas toutes lisibles. Celles que nous pouvons déchiffrer sont en général accompagnées d'une date. Citons les suivantes :

« Delaige, scindict de l'an 1566 et 1567 » ; — « P. Chaueld, scindict de l'an 1566 » (autre signature du même, de 1567 ou 68) ; — « Delaige », signature différente de celle ci-dessus.

Ces signatures sont toutes postérieures de plus d'un demi siècle à l'établissement du registre : aucune ne saurait être celle de l'écrivain.

D'autres noms se lisent sur la couverture : Legrand, Ravassier. On y trouve aussi quelques chiffres, quelques notes sans intérêt ; l'invocation : *Sancte Maximine, ora pro nobis* ; enfin ce titre, d'une main du dix-huitième siècle : « Etat des anciennes fondations de notre communauté. »

En tête du registre se lit, sur trois lignes, le titre suivant :

Sequntur Anniversaria que presbiteri servientes (1) *comunitati sancti Maximini de Magnaco tenentur facere anno quolibet, perpetuo, in dicta ecclesia, sicut sequitur et patebit, per menses tocius anni.*

Suit le relevé, par mois et par jour, des anniversaires fondés dans l'église de Saint-Maximin. Chaque article indique la nature et l'importance de la libéralité, le nom et la qualité du donateur, le fonds sur lequel la rente est assise, parfois la date de la mort ou du testament. Le premier ou les premiers mots de chaque alinéa, ceux qui se rapportent à l'indication de la date ou de la fête, sont

(1) On lirait presque *formantes*.

en caractères rouges. Le reste est en noir. Chaque article est précédé d'une lettre (A à G) indiquant, fautivement plus d'une fois, le jour de la semaine ; dans la marge est inscrit, en chiffres arabes, le quantième du mois. Voici au surplus les premières mentions du registre :

JANUARIUS

1. *Kalendas.* A. *Circuncisio Domini.* A[*nniversarium*] Ytherii Triperii, clerici. Legavit communitati presbiterorum ecclesie de Magnaco xv solidos(1), sitos et assignatos super loco Marsault, de Las Feytas, parrochie Dompni Petri (2), ut patet per litteras nostras.

2. B. *Octava sancti Stephani. Anniversarium* Petri de Alba rupe : dedit predicte communitati sex scuta auri. — Eodem die, domini Petri de Villacavo, presbiteri : legavit v solidos renduales, situatos supra domum suam, sitam prope domum l'ageys, ut patet per testamentum receptum per T. Deboys.

3. C. *Octava Sancti Johannis. Anniversarium* Johannis du Doignon, carpentarii : legavit unum sestarium frumenti : et fuit retractum (3).

4. D. *Octava Innocentium. Anniversarium* Johannis du Feurre : dedit vi libras pro suo anniversario. — Eodem die, domini Johannis Jammet, presbiteri (?) : legavit predicte communitati sex solidos situatos super domum suam, que fuit domini Petri Thome, sitam prope cahuam (4) sive halam de Magnaco.

5. E. *Anniversarium* Johannis Vincencii, alias Dorat, cujus heredes legaverunt predicte communitati unum sestarium frumenti rendualem : eminam (?) siliginis et eminam frumenti rendualem, super hereditagium et bona eorum.

6. F. *Epiphania Domini. Anniversarium* domini Johannis Guynoti, presbiteri : legavit predicte communitati v solidos renduales, quos assignavit super quamdam plateam sive ortum sitam prope domum de Pissecutiet quam tenent ii homines (?) de Costa, in vico du Pont du Go.

7. B. *Anniversarium* Catherine Baylesse, uxoris S. Calidi : legavit predicte communitati unum sestarium frumenti, et fuit retractum per heredes : pro quo sestario predicti heredes dederunt vi libras turonenses.

8. F. *Anniversarium* Aymerici Bandeys (5) : legavit octo scuta auri et viginti solidos. — Eodem die, domini Maximini de Grangiis, presbiteri (?),

---

(1) Le sou valait alors 0 fr. 2735 et la livre 5 fr. 4713 : il faut multiplier ces chiffres par trois ou quatre pour avoir la valeur actuelle.

(2) Dompierre, aujourd'hui commune du canton de Magnac-Laval.

(3) Les trois derniers mots sont d'une écriture un peu plus récente que le reste de la mention. Sans doute les héritiers refusèrent de payer le legs, ou plutôt rachetèrent la rente, car il est peu présumable que Jean du Doignon ait été inscrit au registre des anniversaires de la paroisse sur une simple promesse.

(4) *Cahua* se trouve dans le Glossaire de Du Cange, avec le sens de *casa, tugurium*, maisonnette, *cahute*. Ici hangar évidemment.

(5) Est-ce une corruption du nom de Bandel ?

qui legavit pro suo presenti (?) anniversario decem solidos renduales, assignatos supra suam cameram sitam prope domum Francisci de Pradello et domum que fuit domini (?) Utaxi (1) Grellier, presbiteri (?), ut patet per testamentum receptum per Petrum Lesterpt (redimabilis).

9. B. *Anniversarium* Petri Vigerii et Joanne (2)   , ejus uxoris : legaverunt xv s. renduales super omnibus bonis et hereditagiis suis de Magnaco. — Eodem die. Audouyni Merigot et Olive Chaulde (3), conjugis. Et debet providere (?) ebdomadarius, qui debet ire ad cimiterium, super tumulos.

10. C. *Anniversarium* Johannis Geraldi de Baccalaria : legavit x solidos renduales, assignatos super domos suas vocatas Barlaud, quas tenet (?) Maturinus (?) de Alba Ruppe.

11. D. *Anniversarium* Petronille de Marcilh : legavit unum sestarium siliginis rendualem, assignatum, videlicet : eminam frumenti super Ious Pontys, et aliam eminam super omnibus bonis Johanne Bougougnouse. uxoris Petri de Razes. — Eodem die, Johannis de Montmerand : legavit duos solidos renduales, assignatos super domo sita in vico cimiterii.

12. B. *Anniversarium* Johannis Arribat : legavit vi quartas siliginis renduales, assignatas supra decimam de Chambourant, in parrochia Dompni Petri, ut patet per suum testamentum, per dominum J. Guynoli, presbiterum (?) cum dyacono receptum (?). — Eodem die, Marguerite Beliote, que tradidit semel lx solidos....

On voit que les mentions sont assez sommaires. Par exception on en trouve de plus complètes et qui constituent une véritable analyse de l'acte de fondation de l'anniversaire. Telle la suivante :

Anno Domini millesimo cccc° nonagesimo secundo, die ultima aprilis. presentibus dominis Aymerico Carobovis, Petro Merraudi, Johanne Guynoti, Johanne Aucamus, presbyteris, Delphina Aufrere, de Bono Repastu, gratis legavit predicte communitati tres quartas frumenti rende et III solidos cum III denariis, videlicet eminam sitam cum (*sic*) Petro Corras ejus cognato et suis, semper redimabilem toties quoties solverit lx s. t., et aliam quartam assignatam cum Petro Bilhardi, sartore, et xx denarios cum dicto Petro, et alios xx denarios sitos super quamdam terram prope Bourneys, tangentem vince Mathei Mazurier, — et hoc pro faciendo unum anniversarium in ista die pro anima Johannis Aufrere dict Grant, et Huguete Bilharde (4), et pro dicta Delphina eorum filia.

(1) Eustache sans doute.
(2) Le nom de famille de la femme de Pierre Vigier est resté en blanc.
(3 et 4) On sait que l'habitude était autrefois de donner une désinence féminine au nom de famille, quand il s'agissait d'une femme. Souvent aussi on faisait précéder le nom de famille de la particule *de*.

V

Un très grand nombre de bienfaiteurs de l'église de Magnac sont des prêtres. Nous avons relevé, parmi leurs noms, ceux de plusieurs chanoines : Nicolas Beraud (*Beraudi*), chanoine de Limoges ; noble Georges de Vouhet, prêtre, chanoine du Dorat ; Jean May, chanoine de la Chapelle-Taillefer. Nicolas Beraud figure à quatre ou cinq mentions. Un autre membre de la même famille, Jean Beraud, est aussi nommé avec la qualification de chanoine ; mais le registre ne fait pas connaître à quel chapitre il appartient.

Notre manuscrit note les anniversaires de cinq curés de Magnac, malheureusement sans indiquer les dates de leur décès. Ce sont : Hugues de Fressanges, Guillaume Raspit, Aymeric *Yverii*, Mathieu *Yverii*, Jean Lacaze.

Quelques pasteurs de paroisses voisines situées dans le diocèse de Limoges figurent aussi au relevé mortuaire : Etienne *de Valle*, curé de « Cromas » (Cromac, aujourd'hui canton de Saint-Sulpice-les-Feuilles, arrondissement de Bellac, Haute-Vienne) ; Itier Bruni, Brun ou Lebrun, peut-être Aubrun ? curé de Jouac (même canton) ; Antoine *de Perellis* et... Lagelee, curés d'Azat (sans doute Azat-le-Ris, canton du Dorat, arrondissement de Bellac) ; Léonard Chaud, curé de Darnac (même canton) ; Jean *Hered*... probablement L'Héritier, curé de Verneuil (Verneuil-Moustier, même canton) ; Nicolas Rome, curé de « Saint-Sernin » (Saint-Sornin-Leulac, canton de Châteauponsac, ou Saint-Sornin-la-Marche, canton du Dorat). Il est fâcheux que le registre ne fournisse aucune date avec ces mentions.

L'église de Saint-Maximin comptait aussi des bienfaiteurs hors du diocèse de Limoges. Nous avons noté les noms de Pierre Vauzele, prieur de Saint-Pierre de La Trimouille (aujourd'hui chef-lieu de canton de l'arrondissement de Montmorillon, Vienne) ; Guillaume Bertaud, curé de Levroux — *de Leproso* — (aujourd'hui chef-lieu de canton de l'arrondissement de Châteauroux, Indre) ; Michel Vincent, curé de Jarponville (?) (1) ; Pierre Vacher, curé de Saint-Maur (aujourd'hui commune du canton de Châteauroux) ; Jean *de Mansorepast*, curé *de Ussello* ou *Uzello*, vraisemblablement Usseau, (aujourd'hui commune du canton de Leigne, arrondissement de Châtellerault, Vienne). Il n'est pas impossible toutefois qu'il s'agisse ici d'Ussel (Corrèze).

---

(1) Est-ce une mauvaise lecture ? Nous ne voyons que Harponville (Somme), dont le nom se rapproche de celui-ci.

Nous n'avons trouvé mention à notre recueil que d'un seul religieux : Pierre Galiffot, prêtre, chartreux.

Voici le relevé des autres bienfaiteurs appartenant à l'état ecclésiastique et à qui la communauté de Saint-Maximin devait un ou plusieurs anniversaires : Maximin et Mathurin Aufrère, le second vicaire ; Jean et Maximin d'Auberoche, Jean Arribat, Jean Alamaitresse *al.* Alamairesse, Jean Aucamus, Noël Brissaud, Pierre Chaud, Pierre Coudours, Aymeric Chardebœuf (*Carobovis*), Louis de Chabanes (*de Cabanis*), Pierre Cotet, Jean Dubrac, Pierre Daubin, Jourdain Dupuy, Mathieu des Granges, Thomas des Granges, « prêtre et notaire » (ces deux qualités furent, on le sait, souvent réunies jusqu'au seizième siècle) ; Guyuot et Eustache Grellier, Jean Guynot, Pierre Glavoux, Pierre Lelong, Jacques Lestugou, Jean de Lacoste, Pierre « de Maignellez », Pierre Merrand, Guillaume Nazilhe, Jourdain du Puy, Antoine de Pontailleys, Gilbert Penon (mort le 24 octobre 1495) ; Jean Retitot, Jean Reviron, de Biossac (*Johannes Reriroulz, de Bioussaco*), prêtre de Châteauponsac ; Louis Sempnevene, prêtre, décédé en 1495 ; Pierre Thomas, Guillaume Vigier, Mathieu de Valeille ou de La Vareille *de Valelhia*), Jean de La Vergne, Pierre de Villechave *de Villacaro*, tous qualifiés simplement prêtres, sans indication de résidence ni de fonctions, (sauf pour Jean Reviron, Mathurin Aufrère et Thomas des Granges). La plupart de ces noms doivent être ceux d'anciens communalistes de Saint-Maximin. Quatre prêtres figurant à notre liste et dont la présence est mentionnée à l'acte du 30 avril 1492, ayant trait à une libéralité de Delphine Aufrère : Aymeric Chardebœuf, Pierre Merrand, Jean Guynot et Jean Aucamus, appartiennent très certainement à cette communauté.

Le simple titre de *clerc* accompagne quelques noms : ceux de Jean Coudene, Guillaume de Clion, Laurent de La Cour *de Curia*, Jean Faye, Pierre Heretier, Jean Pionnelle ou Pionneau, Yvier Tripier.

On éprouve quelque surprise en constatant que le nom d'aucun évêque, d'aucun abbé, d'aucun dignitaire ecclésiastique d'un ordre élevé, ne figure à notre manuscrit.

VI

Par contre, un certain nombre de membres des familles nobles de Magnac et des environs comptent parmi les bienfaiteurs de l'église.

C'est d'abord noble Itier de Magnac, capitaine de Saintonge et d'Anjou (1); puis seigneur Gilbert Brachet, chevalier de Magnac (2) ; noble Guillaume de Magnac, chevalier, seigneur du Soulier (3) ; Agnès *de Lovo* al. *de Lono*, épouse d'Aubert de Magnac ; Agnès de Presaignies, dame de Magnac ; Marguerite de Chambourant, dame de Beauvais (?) (4) ; Mathurin Vincent, seigneur de La Roche, fils de Mathurin Vincent et de Jeanne Duboys, et frère d'Antoine et de Perrot Vincent (le même qui est appelé ailleurs Mathurin Vincent de Brucy, seigneur de La Roche et Crochepault), et Françoise, sa femme ; noble Delphine Faucher, femme de Pierre Vincent ; Pierre de Chardebeuf (*Carobovis*) (5) ; Ehe de Chardebeuf (6) ; Gui et Mérigot (Aymeric), seigneurs de La Vareille ; noble femme « Maguyda Vigdalonne », épouse de Pierre Chardebeuf, seigneur de La Vareille ; noble Jeanne, dame de La Vareille ; noble Philippe, femme de ... ; Jean Vachier, damoiseau ; noble Hugues de Mézignac (?) (7) ; Almodis de La Vareille, femme de Pascaud de Bernèze ; Antoine Pascaud de Bernèze et Jeanne Doussinaud, sa femme ; Anne Pascaud, leur fille ; Delphin des Granges, damoiseau ; noble Jean de La Porte ; noble Antoinette de Chastanet, femme du seigneur de La Porte ; Hélis de Saint-Julien, dame de Ville... ; Jeanne du Plesseys, dame du Soulier ; Louise, dame de Puytorraud ; « Guillerme de Monbast ».

A côté des nobles, quelques officiers du château et de la juridiction de Magnac : Perrin de Bourges, « capitaine de Magnac » ; maître Jean Marrand, « châtelain de Magnac » ; maître Antoine Thomas, « procureur de Magnac » ; puis des personnes appartenant à la domesticité : Gilles Caignon, « serviteur du seigneur de Magnac », appelé ailleurs simplement « serviteur de Magnac » ; Jean Tripier, « serviteur de chambre » (8).

(1) *Domini Yterii de Magnaco, nobilis, cappitanei Sanctonensis et Andegavensis*. L'article des seigneurs de Magnac manque au *Nobiliaire* de Nadaud.

(2) *Militis de Magnaco*. Il s'agit ici de Gilbert, qualifié baron de Magnac, marié en 1448 avec Marie de Tourzel.

(3) *De Solario*, Le Soulier ou Le Solier, terre seigneuriale, à proximité de Magnac-Laval : autrefois, dit-on, baronnie.

(4) *De Pulchro Aspectu*.

(5) La plupart des Chardebeuf dont les noms sont donnés ici, sont antérieurs à ceux mentionnés dans le *Nobiliaire de la généralité de Limoges*, t. I, p. 263, 677.

(6) Peut-être Héliot Chardebeuf, seigneur de Vareilles, qui figure à une montre en 1470.

(7) *De Mexignaco*.

(8) *Camerarii*.

On ne trouve presque pas de mention expresse de cultivateurs. En revanche, les artisans, même ceux des plus modestes professions, sont en grand nombre : rappelons les noms de Pierre Aufaure et de Jean Dupuy, tisserands ; de Jean et Pierre Charpentier et de Michel Thomas, forgerons ; de Jean et Etienne Lucas, de Jean Vincent, de Pierre d'Auberoche, de Guillaume Jammet, de Jacques de Fontanes, cordonniers ou savetiers ; de Mathurin ou Mathieu Berri, d'Aymeric Faurot, d'Etienne Sempnevene, bouchers ; de Jean du Feurre, charpentier, etc. Nous avons signalé ailleurs des fondations de vicairies, dans les églises de Limoges, par des cloutiers et d'autres hommes d'humble métier. Autrefois, tout le monde voulait des prières après la mort, et les feuillets jaunis du registre de Saint-Maximin affirment avec éloquence l'esprit d'égalité et de fraternité de nos aïeux en même temps que leur foi vive.

VII

Ces feuillets conservent les noms d'un très grand nombre de familles, cités soit dans la liste des bienfaiteurs, soit dans les confrontations ou autres indications topographiques. Il ne sera pas sans intérêt, pour les habitants de Magnac et des environs, d'en retrouver ici la liste :

Ajanette, Alamaitresse, *al.* Alamairesse, Albi, d'Arcoulant, Arribadour, Arribat, d'Auberoche (*de Alba rupe*), Aubrun, Aubry, Aucamus, Audebert, Audet, Aufaure, Auzère, d'Azat ;

Bachellerie ou de La Bachellerie, Bailli, Baliot, Baloufeau (*Ballofelli*), Bandeys (Bandel ?), Le Barbier, Barbou, La Barre ou de La Barre, Barret, Bartet, Barthélemy, Bartomier, Bataillon ou Bataillo, Bayle, Beaulieu, Béraud, Bercicaud, Bernèze ou de Bernèze, Berri, Bertaud, Beugny, de Beynac, Billard ou Bilhard, Blanquelin, Blondet, de Bois ou du Boys, de Bonrepast, de Bordesoulie, Bordeyrou ou Bourdeyrol, de Bourges (1), Bourgougnon ou de Bourgognou, Boutingot, Bras, Brac ou du Brac, Brissaud, Brisset, des Brousses, de Brucy, Brun, Bruneau ou Brunel ;

Caignon, Carraud, Chabannes ou des Chabannes, Charreyraud, Chassain ou du Chessain, de Chamborant ou Chambourant (Dompierre), Chaise ou La Cheze, Chapeau ou Chapelle, de Chardebeuf (*Carobovis*), Charpentier, de Chastanet, du Château (*de Castro*), Chaud, Chebroulx, du Chou, Chomet, de Clion (2), de Clot

(1) Peut-être pour Bouges, aujourd'hui commune de l'Indre, arrondissement de Châteauroux.

(2) Il existe dans l'Indre une commune de ce nom qui appartient au canton de Châtillon, arrondissement de Châteauroux.

ou du Cros, Cohyat, de Colonges, Cormarin, Corras ou Correas, Coudene, Coudours, de La Cour, Coussaud, Coussy, de La Couture, Cressat ou de Cressat ;

Darcoulant, Darlive ou Darline, Daubin, Debois, Decressat, Defaye, Delage ou Delaige, Desforges, de Drouille *(de Drolio)*, Destruchat, Dubost, Duboys, Duclot ou Duclos, Dudoignon, Dupuy ;

Faucher ou Fouchier, Faure, Faurot, de Faye, du Feurre, Flavard, de Fontane ou des Fontaines, des Forges, de Fressanges ;

Galopeau ou Gallopeau, Galiffot, Galloux, Garinet, Gastard, Gavailhou ou Ganalhou, Gaudineau, Gérald, Gibard, Gilbert, Glatignon, Glayoux, de Goutailb, de La Grange, des Granges, Gravelat, Grellier, Gueraud, Guillot, Guinot ou Guynot, Gurnot, Guyonnière ;

De Hent, *de Hento (de Ahento)* (?), Héritier, Huguet ;

Jacquet, Jarrissat, Jarroussier, Joyeux, Judicis, Juge ;

Lacaze ou La Caze, Lacoste, Lagelée, Lajoux ou de Lajoux, Landeys, Lanique ou La Nique, Laurent, Lebois, Legraud, Lelong, Léodet, Léonet, de Lestang, Lesterpt, Lestugon, Lezaud, Lionne, de Lone ou de Love, Louheron, Lucas ;

De Magnac, Maignellez, *Magro*. Malidant (Maledent ?), *De Manso repast*, Marchadier, Margue, Marrand, Mareuil, Massif ou Massy, Massioux, Martin, Martinier ou Martinière, May, Mayne ou Magne (*Manha*), Mazilhe (probablement pour Nazilhe), Mazurier, Menuzier, Méraud, Mérigot, Mézigny ou Mézignac, de Monbast, du Monteil, Montmerault ou de Montmeraud, Montrand, Moreau ou Morel, des Moulins, Mourraud ;

Nazilhe ou Nozilhe, *Lo Niquo* ou La Nique ;

Paget ou Pageys, de Palanges, Pammud (Palmu) (1), Pascaud, Pasquet, Pearron, Penichou, Penon, du Perron ou du Peyroux, *de Perellis*, Perrin, Périchon, Peuroi, Peurussaud, du Peyrat, Peyraud, Pinot, Pionneau ou Pionnelle, Pisseentier, Poncet, Pontailler, Pontailleys ou *de Pontalio, de Pontivo*, Ponty, de La Porte, Pouchet, Pouffary ou de Pouffary, Poute, Pradeaux ou de Pradelles, de Presaignies, Prinseau, Prioreau, de Prugnes, Pussaud, Du Puy, Pymont ;

La Quinte ;

Raspit, Ravassier, de Razès, Reix ou Régis, Retiton, Reviron ou Reviroulz, Rigaud, Romain, Rome ou Roume, Roudaud, Roucilhe ou Rousille, Rousseau, Rustier ;

(1) La famille Palmud appartenant à la Basse-Marche, est bien connue. Un chanoine du Dorat, du nom d'Aymeric Palmud, fut un des bienfaiteurs de la Communauté des Dominicains de Limoges.

De Saignat, de Saint-Julien, Sarrasin, Saucier, Saumerel ou Sommerel, Sempnevene, Servaut ou Servant, Le Sotier, Souchou ou Suchon, Sugon ;

Thomas, Trippier ;

Vachier, *de Valle* (Delavaud, Lavaud ?), Valeillau, de Vareille ou de La Vareille, Vauzele, Vergnaud, Vergne ou de La Vergne, Veydarrier, Vidalon, de Villandrau, Villechave, Vincent, Vincendon, Visnier ou Visinier (?), de Vouhet ;

Yverii.

Ajoutons à ces noms celui de « Geobert Balaam », de Magnac, qui avait donné ou légué quatre livres à la communauté. Le manuscrit ne nous dit pas ce qu'était le personnage affublé de cette bizarre étiquette : quelque juif converti peut-être, — un individu d'origine étrangère à coup sûr.

VIII

Peu d'immeubles figurent parmi les dons faits aux prêtres communalistes de Magnac : quelques prés, quelques champs, une maison, une chambre, dans le territoire dit « La Chambre du Prieur ». C'est du moins le sens que nous paraît avoir le mot *cubiculum* dans un passage de notre manuscrit que nous avons déjà cité.

Les libéralités rappelées au registre d'anniversaires consistent presque toutes en une somme d'argent donnée souvent avec la stipulation expresse qu'elle sera employée à l'achat d'une rente (1), en une rente en argent ou en grains ; ou bien le donateur cède la dîme de tel champ ou de telle propriété, les redevances qu'il possède sur tel fonds. Parmi les libéralités en argent, il en est d'assez importantes : un seigneur de Magnac donne vingt livres ; un seigneur de La Roche, vingt-cinq livres ; Delphin Desgranges, vingt royaux d'or. Ces dons représentent de 400 à 800 fr. d'aujourd'hui. Les seules monnaies dont il soit fait mention, sont le royal, l'écu et le mouton.

Au mois de juillet, on trouve rappelé le don d'un calice d'argent d'une valeur de quinze livres, par un prêtre, Maximin Dauberoche ; il s'agit ici d'une libéralité testamentaire. Plasine Poncet, outre une rente en blé, lègue à la communauté une tasse d'argent pour faire faire un calice destiné à l'autel de Notre-Dame. A la même bienfaitrice, la communauté doit beaucoup d'autres dons qui n'ont pas été notés au registre (2). Delphin des Granges a légué « un missel à l'usage de Rome » (3).

(1) *Pro convertendo in reditus.*
(2) *Et multa alia qae non sunt scripta ibi.*
(3) *Unum missale ad usum Rome.*

Un des articles du recueil a trait à une rente en blé léguée à la « fête des clercs de Magnac » (1) ou payable ce jour-là. S'agit-il de la fête du patron de la paroisse, de celle de la dédicace du sanctuaire, ou bien les clercs avaient-ils une frérie spéciale à un des autels de l'église ? Nous ne saurions le dire.

Relevons encore un article, peu clair du reste, relatif à une fondation de Jean Mérigot : cette fondation comporte un repas — *prandium* — pour le ou les prêtres qui auront célébré la messe d'anniversaire (2).

Nous n'avons noté aucun passage relatif à l'édifice même de Saint-Maximin : aucune mention de réparation ni d'embellissement. On constate seulement qu'il existait, à la fin du xv° siècle et au commencement du xvi°, outre l'autel du patron, au moins trois autels dans cette église : celui de Notre-Dame, celui de saint Jean-Baptiste et celui de sainte Catherine. Celui de Notre-Dame n'était pas un simple autel : il est plusieurs fois appelé « la Chapelle de Notre-Dame ». Nous avons relevé également des mentions de la chapelle du cimetière.

A un des articles reproduits plus haut, la halle de Magnac est désignée dans une confrontation (3). On rencontre plusieurs autres mentions du marché, de son portail (4). Ce portail serait-il le même que le « grand portail de Magnac » (5) indiqué ailleurs ? Puisque nous avons occasion de parler du marché, disons qu'à cette époque, à Magnac comme dans bien d'autres seigneuries, plusieurs mesures étaient en usage. Certaines redevances, celles provenant des plus anciennes fondations sans doute, doivent être acquittées à la vieille mesure, « *ad veterem mensuram de Maynaco* ».

Quelques autres passages fournissent des notes relatives à l'histoire et à la topographie de la ville ; mais ce ne sont que de sèches mentions. A un obit, le fort est désigné : « Delphine Faucher ou Fouchier lègue à la communauté une maison sise *in fortilecia de Magnaco* (6) ». S'agit-il du château proprement dit ou bien d'une

---

(1) *Festo clericorum de Magnaco.*

(2) *Et eciam tenebitur dare in tali die prandium in dicendo missam*, ou peut-être *III dicentibus missam.*

(3) *Propre cahuam, sive halam de Magnaco*

(4) *Forum de Magnaco... domo contigua portallo fori... portanetum fori.*

(5) *Magno portallo de Magnaco.*

(6) *A. Nobilis Delphine Fauchiere, uxoris Petri Vincencii, pro quo legavit predicte communitati quandam domum sitam in fortilecia de Magnaco, inter domos des Beliotz et Petri de Grangia, pro qua tenebuntur facere duo anniversaria et ire in quolibet (anno?) supra tumulum ipsius, existentem propre portam capelle Nostre Domine, dicendo alta voce : Ne recorderis.*

partie de la ville défendue par des murs, ou tout au moins dont les maisons avaient été reliées en vue de la défense? On trouve aussi mention de la rue de Beaulieu (*in vico Pulchri Loci, in vico de Bello Loco*), où se distingue une maison décorée probablement d'une tourelle, et qu'on désigne sous le nom de La Tourrette *(domus vocata de Torreta)*; de la rue (*carreria*) de *La Peyro* ; de la rue ou faubourg du pont du Gué, et de la rue de Mauvoisin ou de Malvoisin, dans ce faubourg (*in vico de Ponte Vadii vocato de Molvoisin*); de la rue ou faubourg du cimetière.

IX

Un grand nombre de noms de lieux sont cités au registre qu'a bien voulu nous confier M. l'abbé Vigier. On retrouve la plupart de ces localités sur le territoire de la commune de Magnac-Laval et des communes limitrophes, dans lesquelles les bienfaiteurs de la communauté de Saint-Maximin possédaient eux-mêmes des immeubles ou des redevances. Voici un relevé de ces noms de lieux, que nous nous sommes efforcé de dresser aussi complet que possible :

Les Affys (auj. La Saphix, commune de Saint-Hilaire-la-Treille) [1]; Arcoulant, *de Arculento*, *de Arcolent* (auj. commune de Magnac-Laval) ; Azat-le-Ris, *de Azaco* (chef-lieu de commune, canton du Dorat).

La Bachellerie (M. L.); La Barre (M. L. ou Saint-Sornin-Leulac); Les Bastides (Droux) ; Beaulieu (Bussière-Poitevine) (?); Beaumont (Saint-Sornin-la-Marche); Beaurepas, Bonrepast (M. L.) ; Beauvoir (Dompierre) ; Bellac (chef-lieu d'arrondissement); « Bellasses-de-Chou » (?); Bernèze ou Bernaise (M. L.) ; Beynac (?); Biossac ou Bioussac (Châteauponsac); Boisjeune, *de-Bosco-juveni* (M. L.); Borderol, Bourdeyrol, Bourdeyroux (Saint-Sornin); Les Bourdelières (Saint-Léger-Magnazeix); Bourneys, Bournois, *Bournellum* (Saint-Amant-Magnazeix); Boutingot (?); Bram, rivière ; Brucy (?); Buxerolles, La Bucherolle (M. L.); Gué de la Buxière ou de la Bussière (Saint-Sornin-Leulac).

De Canalibus (peut-être Les Chenauds, d'Oradour-Saint-Genest); Les Chabannes, *de Cabanis* (peut-être Saint-Bonnet-de-Bellac); Chantegrelle (Saint-Sornin-Leulac); Les Charraulx (Saint-Léger-Magnazeix); La Chaussade (Saint-Léger); Les Clavelières (d°); Les Chevalières (d°); La Chassagne, *Cassania* ; La Chassagne-Barrat

(1) *Le Dictionnaire Géographique* de Grignard donne aussi La Zaphis, commune de Saint-Sornin-Leulac.

(Saint-Sornin-Leulac) : La Chassagne-Coudours, peut-être La Saigne-Coudoux (M. L.); Chiroubarcou (?); Le Clot, Le Clos (Le Clops, de Villefavard) ; Les Combes (Dompierre); Les Coutures, (Lussac-les-Eglises ? ; peut-être La Couture de Jouac); Cressac (M. L.); Coudour, Coudoux (M.-L.) ; La Croix (chef-lieu de commune, canton du Dorat) ; La Croix-Buffeau (M. L.); La Croix-Billard (M. L.) ; La Croix-Marrand (M. L.) ; Le Crozet ou Croizet (Saint-Sornin-Leulac); Cromac, *Crommas* (commune du canton de Saint-Sulpice-les-Feuilles); Crochepot, Crochepault (M.-L.).

Dinsac, *de Dinsaco* (commune du canton du Dorat); le Dognon, Le Doignon, *De Dompnhon* (M. L.) ; Dompierre, *de Dompno Petro* (commune du canton de Magnac); Le Dorat, *de Dorato* (chef-lieu de canton de l'arrondissement de Bellac); Droux, *de Drolio* (commune, canton de Magnac) ; La Droueyze, Droez (Dompierre).

Les Feytes, *las Feytas* (Dompierre) ; Les Flavards (Saint-Sornin) ; Font-Buffeau (Saint-Léger); Font-Joffre, *fons Gauffredi*, aujourd'hui Font-Jove (M. L.) ; Fontaine de La Vergnolle (Droux).

Gaupon, près La Chassagne (?) ; La Girvaudie ou Gervaudie (M. L.); Gomeys, *Gomeus* (Saint-Hilaire-la-Treille); Le Gué Rossignol, *de Vado Rossinhol* (?) ; Grand Champ, à La Vaubloy (M. L.); ou Grands Champs (Le Dorat); La Grange (Dinsac ou Dompierre); Les Granges (peut-être La Ménagerie, M. L.); *de Grelis* (peut-être La Grêle-d'Azat); lieu de Guymbert (Saint-Priest-le-Betoux).

Les Herbets, Les Herbes (Saint-Léger); l'Hort-Baston (?); L'Hosne (Saint-Léger) ;

Jouac, *de Jouhaco* (commune, canton de St-Sulpice-les-Feuilles);

Lajoux (?) ; village et moulin de La Lande (M. L. et Saint-Amant); Lascoux-Marsault (Saint-Amant); La Barre, Les Barres (M. L.); Lavaud, *voir* La Vau ; « Lobaresse », La Loubresse (M. L.) ; « Losme de La Barra », (peut-être Lhoume d'Azat-le-Ris); Lozilhat (Châteauponsac).

La Marturelle (?) ; Le Mas du Bois (Saint-Léger); Le Masrepast (?); Le Mas Boudaud (Châteauponsac); *de Manso Solme ;* Le Maubert (Dompierre); Montaneau (Saint-Amant-Magnazeix); Montavy (Dompierre); Montbas (Gajoubert); « Montgosinat » (Dinsac); Monterant ou Monteraut (?); le Grand-Monteil (M. L.); Le Petit-Monteil (M. L.); Montaud (peut-être Montanaud, Saint-Amant); La Mornière, La Morignière (M. L.); Le Moulen, Le Moulant (Rancon); *Las Moutas* (peut-être La Motte de Tersannes);

Ténement de *Parietibus* ? (Saint-Hilaire ?); chemin du Passedour à Bourneys, Le Passedour (M. L.); La « Planche de Doz » — un pont rudimentaire ? — près Bernèze (M. L.); Le Plas, Les Plas (Saint-Léger); Pont de La Valette (M. L.); Pontailleys, *Pontali*

(M. L.); Ponty (?); Le Poux (M. L.); Pouffary (Dinsac); Les Prugnes (M. L.); Pouyade, Les Pouyades, *de Poyadis* (M. L.); Le Peux, Le Poux, Le Puy (Saint-Léger); Puy-Bertrand (?); Peu de La Croix (M. L.); Puy-Gibaud (M. L.); Puy-Marchoux, Peu Marchoux, *de Podio Marco* (Saint-Priest); *de Podio Textoris* (M. L.); Puy-Treuil; Peu Treuil; (Peutru (?), de Saint-Hilaire, ou Peutier (?), de Saint-Amant); Puytorreau (?); « Puyvaletemps » (?);

La Roche (M. L.); La Roche (Saint-Léger); Roussines-*lous-Bilhardours* (Roussines, de Lussac-les-Eglises (?); Rossignol, *voir* Gué.

Saint-Amant-Magnazeix, *Sancti Amantii* (commune du canton de Châteauponsac); Saint-Hilaire-la-Treille, *Sancti Hillarii la Treulhe* (commune, canton de M. L.); Saint-Léger-Magnazeix, *Sancti Leodegarii* (commune, canton de M. L.); Saint-Priest-le-Betoux, *Sancti Prejecti* (canton de Châteauponsac); Saint-Sornin-Leulac, Saint-Sernin, *Sancti Saturnini Luslac* (commune, canton de Châteauponsac); Saint-Sornin-la-Marche (?), *Sancti Saturnini* (commune, canton du Dorat); Pré Saint-Mesmin (M. L.); Sededon (?); Le Soulier (M. L. et Saint-Amant); Souzillat, Sozilhac (Saint-Sornin-Leulac); « La Soubzmaigne » (Droux).

La Thière (M. L.); Tourrette, Les Tourettes (M. L.); Toudoucix, *de Tudecio* (?); Treffay, Treffeix (Dompierre); Le Treuil (?).

La Valade (Saint-Amant); La Valette et Pont de la Valette (M. L.); La Vallette au Giraudet (Saint-Priest); La Valette Montavy (Dompierre); La Vareille (M. L.); La Vau-Blois, La Vaublois, *de Valle au Bloy* (M. L.); Vaugampo (?); Vaupoutour (Saint-Sornin-Leulac); La Vergne (Dinsac); La Vergnolle, fontaine; Verneuil (Verneuil-Moûtiers, auj. chef-lieu de commune du canton du Dorat); La Veyrière (Saint-Léger); paroisse *de Villado* (Villefavard (?), auj. commune du canton de Magnac); Vilestrand, Villetrand (Dompierre); La Villandraud (Saint-Léger); La Villatte (M. L.); Villechave, Villecave (?); Villechenon (M. L.); Visiner, Visnier (?); Viville (Dompierre).

www.ingramcontent.com/pod-product-compliance
Lightning Source LLC
Chambersburg PA
CBHW060636050426
42451CB00012B/2617